# *Je cuisine* **naturel**

*Un grand merci à ...*
*Arnaud pour m'avoir prêté sa jolie maison, ainsi que pour ses conseils culinaires ; Maria & Élise, Mathieu, Jean & Clément de la ferme-auberge du Chevalet pour leur accueil chaleureux et spécialement Térence qui m'a emmenée partout avec lui lors de mon séjour, et à tous ceux que j'ai croisés là-bas ; Olivier pour m'avoir hébergée dans le Cantal et fait découvrir la région et ses spécialités ; Vanessa pour son soutien permanent et ses conseils littéraires ; ma mère Chantal qui a été une aide précieuse en cuisine, sans qui je n'aurais jamais pu faire mes prises de vue à la campagne et dans le Sud en un temps record ; mon père Christian qui m'a transmis son plaisir du goût ; Jean-François pour son regard et ses mots ; et bien sûr Émilie qui partage avec moi l'aventure de cette collection, ainsi que Céline pour nous avoir fait confiance en nous donnant carte blanche sur ce projet.*

*Je suis très reconnaissante envers tous ceux qui m'ont prêté de la vaisselle, des tissus, du matériel photo, ou même leur voiture :*
*Sandrine de Neëst & son Siffleur de Ballons, les créateurs Fog Linen, Chabatree & Karin Ericksson, Émilie de Bloomsong, Rachel Péloquin & Hélène, Catherine & Arnaud, Alice, Grégoire & Tassia, Vanessa, Chantal, Nicolas, Griottes, Ludo & Marie-Pierre, Romain, Jefferson, Corinne & son messager Philippe, Grace, Estelle, le papa d'Émilie & le mien, Jan-Erik & Sylvie.*

***La collection Cooking Attitude est éditée par***
*PYRAMYD ntcv*
*www.pyramyd-editions.com*



***Auteur, photographe, styliste culinaire :*** *Amélie Pignarre*
*www.melopapilles.com*

***Direction éditoriale :*** *Céline Remechido, Michel Chanaud*
***Conception graphique du livre :*** *Émilie Guelpa & Amélie Pignarre*
***Conception graphique de la couverture :*** *Pyramyd ntcv*
***Maquette :*** *Sarah Bruey & Rose Lecat*
***Correction :*** *Maud Foutieau*



*ISBN : 978-2-35017-252-1*
*Dépôt légal : 2nd semestre 2011*

*Imprimé en Chine*

# Je cuisine
# naturel

Amélie Pignarre

cooking attitude

# Sommaire

*Je cuisine naturel, inspiré des tons bruns et beiges, est un thème rustique et brut. Il se rapproche de la nature de « nos contrées », où la cuisine de terroir et d'antan se perpétue encore en des fermes, villages et auberges, revisitée avec respect, remise au goût du jour. Les légumes de saison et les viandes y sont à l'honneur, à travers des recettes simples, un brin inventives, qui permettent de redécouvrir des senteurs et un savoir-faire un peu oubliés. J'ai ainsi sillonné la France en passant par les Hautes-Alpes, l'Auvergne, la vallée de Montmorency, la Provence et l'Eure-et-Loir, des lieux privilégiés qui me sont chers. Cinq lieux, cinq ambiances, évoqués à travers cinq histoires où se mêlent cuisine et nature.*

# UN PIQUE-NIQUE *champêtre*

# Un pique-nique champêtre

*Dans les plaines du Cantal*

*Sur le pas de la porte*

CONFITURE MAISON POIRES ET ROMARIN

*Dans la grange*

PAIN AU PETIT ÉPEAUTRE
& ŒUFS DE CAILLE À LA FLEUR DE SEL



*Bento ensoleillé*

SALADE MULTICOLORE

*À l'ombre du tilleul*

CHOU FARCI

*Sur un muret*

ASSORTIMENT DE FROMAGES DE LA RÉGION
& GELÉE D'ORTIES SAUVAGES

*Dans la forêt*

TARTE À LA CHÂTAIGNE

*Ces petites confitures se conservent quelques mois et seront délicieuses à déguster aux beaux jours pour des petits-déjeuners ensoleillés. En les accompagnant du pain préparé la veille et de quelques œufs de caille parsemés de fleur de sel, vous voici prêt pour votre journée pique-nique.*

# Sur le pas de la porte

## Confiture maison poires et romarin

***Pour 4 à 5 pots***

*1,6 kg de poires Passe-Crassane*
*800 g de sucre*
*1 citron*
*2 cuillères à soupe de gingembre en poudre*
*Quelques brins de romarin*

- Épluchez les poires, coupez-les en dés et faites-les macérer avec le sucre et le jus du citron dans un grand saladier.
- Après 3 heures, filtrez le jus et faites-le revenir dans une marmite en cuivre une dizaine de minutes. Ajoutez les fruits, puis le gingembre et le romarin, et faites cuire à petits bouillons au moins 40 minutes.
- Versez dans des pots stérilisés, ou tout du moins passés à l'eau bouillante. Laissez refroidir quelques heures et fermez les pots.

# Dans la grange

## *Pain au petit épeautre*
## *& Œufs de caille à la fleur de sel*

***Pour 1 pain***

*30 g de levain déshydraté bio*
*300 cl d'eau*
*500 g de farine de petit épeautre*
*10 g de sel*
*1 cuillère à soupe d'huile*
*1 cuillère à soupe de farine*

- Faites tiédir l'eau et dissolvez-y le sel. Mettez le levain dans un bol et ajoutez l'eau.
- Dans un saladier creux, déposez la farine de petit épeautre, faites un puits et versez-y le mélange eau-levain.
- Mélangez rapidement avec une fourchette en bois (la pâte sera ainsi assez souple) et recouvrez d'un linge humide.
- Laissez reposer pendant 1 heure environ. Retravaillez rapidement le pâton et déposez-le dans un récipient en tôle bleuie ou en terre, huilé et fariné, de la taille que vous souhaitez donner au pain.
- Attendez que la pâte lève dans le moule, en la mettant à l'abri des courants d'air et de préférence à 24° : cette opération peut prendre de 3 à 20 heures selon la température.
- Faites cuire au four à mi-hauteur à 225 °C pendant 1 heure, avec un récipient rempli d'eau en dessous pour aérer le pain et rendre la croûte plus dorée. Attention à ne pas ouvrir la porte du four en cours de cuisson.
- Laissez reposer le pain quelques heures et dégustez-le le lendemain.

***Pour les œufs de caille***

*Une demi-douzaine d'œufs par personne*
*Fleur de sel*
*Poivre*

- Faites cuire les œufs dans de l'eau bouillante salée 3 à 4 minutes pour qu'ils soient durs, ou une minute et demie pour qu'ils soient mollets.
- Passez-les sous l'eau froide pour stopper la cuisson, puis frappez-les d'un petit coup sec sur une planche et faites-les rouler afin d'enlever aisément la coquille. Coupez-les en deux et ajoutez de la fleur de sel, et éventuellement un peu de poivre.

**Astuce**

*Ce pain se prépare sans matériel spécifique, mais reste néanmoins délicat à réaliser. Il est préférable de le faire la veille, car il continue de travailler après sa sortie du four.*

*Ce pain à la farine de petit épeautre prendra un goût légèrement sucré si on le recouvre de confiture, et se dégustera alors comme un gâteau. Ce n'est pas un pain qui lève beaucoup, et la couleur foncée de la farine lui confère un bel aspect rustique.*

**Astuce**

*La pomme Pilot est très parfumée, croquante et légèrement acidulée. On la trouve principalement en épicerie bio, mais elle peut être remplacée par la Reine des reinettes.*

*Pour bien démarrer le pique-nique, rien de tel qu'une délicieuse salade fraîche et tonique, riche en vitamines. À base de produits trouvés sur le marché ou dans le jardin, elle est déclinable selon les légumes de saison que vous trouverez, et conservera toute sa fraîcheur dans un bento, qui servira également d'écuelle.*

*Salade multicolore*

# Bento ensoleillé

***Pour 3 personnes***

*6 champignons de Paris, 2 pommes Pilot*
*1 citron, 2 petites betteraves crues*
*1 fenouil, 2 carottes*
*1 petit chou rave, 2 avocats*
*2 variétés de salade*
*Shoyu (sauce soja) ou tamari japonais*
*1 cuillère à soupe de trois huiles*
*(olive, colza, noix)*
*3 types de graines germées*
*(alfafa, radis et fenugrec)*
*Curcuma en poudre, Racine de gingembre*
*Estragon frais, Graines de fenouil*
*1 petit piment rouge*
*1 petit bouquet de persil*

- Dans un bol, préparez la sauce avec les différentes huiles (une cuillère à soupe de chaque), le jus de citron et une cuillère à soupe du condiment asiatique choisi.
- Versez dans un grand saladier.
- Rincez tous les fruits et légumes : champignons, pommes, betteraves, fenouil, carottes, chou rave, avocats, salade.
- Réservez les betteraves et la salade. Coupez les autres fruits et légumes en fines lamelles et déposez-les dans un saladier.
- Mixez les betteraves avec les épices (curcuma, gingembre, estragon, graines de fenouil, piment) et parsemez le mélange obtenu sur la préparation.
- Ajoutez les deux variétés de salade, ainsi que les graines germées.
- Coupez le persil rincé sur le dessus, mélangez bien et répartissez dans des bentos.
- Conservez les salades au frais jusqu'au moment du départ en pique-nique.

# À l'ombre du tilleul

## *Chou farci*

***Pour 6 personnes***

*1 gros chou vert frisé (900 g environ)*
*200 g de petit salé cuit*
*300 g de chair à saucisse*
*2 carottes*
*2 feuilles de blette*
*1 poireau*
*1 navet doux*
*1 botte de persil*
*3 tranches de mie de pain*
*20 cl de lait*
*2 œufs*
*1 cuillère à soupe de farine bombée*
*4 échalotes*
*2 gousses d'ail*
*1 cuillère à soupe de coriandre*
*1 cuillère à soupe de muscade*
*1 cuillère à soupe de graines de moutarde*
*1 cuillère à soupe de graines de fenouil*
*25 cl de bouillon*
*Bicarbonate de soude*
*Sel*



- Commencez par faire blanchir le chou (rincé) quelques minutes dans de l'eau bouillante salée avec du bicarbonate de soude, puis rincez-le à l'eau froide.
- Dans une grande assiette, posez le chou, écartez délicatement les feuilles jusqu'au centre et enlevez le cœur, amer, que vous réserverez.
- Préparez la farce. Faites tremper la mie de pain dans le lait. Faites revenir le petit salé avec les échalotes émincées, et mixez-le avec l'ail. Ajoutez-y la chair à saucisse, les épices, les œufs, la mie de pain, la farine et du sel. Mélangez.
- Coupez en petits morceaux les légumes, le cœur du chou et le persil, ajoutez-les à la préparation.
- Déposez le chou dans une grande cocotte qui passe au four, puis déposez la farce entre chacune de ses feuilles, tout en le refermant peu à peu.
- Préparez un petit bouillon de légumes que vous verserez dans le fond de la cocotte.
- Faites cuire au four à 180 °C pendant une heure et demie.

*✦ **Astuce** ✦*

*Pour réussir cette recette, l'essentiel est de choisir avec soin ses produits, notamment la chair à saucisse et le petit salé.*

*Pour accompagner ce chou farci, je vous conseille un Marcillac 2009 : ce vin du domaine Laurens en Aveyron, aux notes de cassis et légèrement épicé, s'accordera parfaitement avec ce plat du terroir.*

*L'Auvergne est un paradis pour les amateurs de fromages. Nous avons ramené de notre visite aux producteurs locaux du Saint-Nectaire fermier au lait cru, de l'Ecir d'Aubrac (fromage de vache au lait cru), trois variétés de Cantal (jeune, entre-deux et vieux de 18 mois), un chèvre frais, un chèvre crémeux, une fourme d'Ambert de vache au lait cru et un bleu des Causses. Ce dernier peut se déguster avec de la gelée d'orties sauvages. Le mariage est surprenant !*

# Sur un muret

*Assortiment de fromages de la région & Gelée d'orties sauvages*

**Astuce**

*Vous pouvez trouver de la gelée d'orties sauvages toute faite dans les épiceries bio.*

***Pour 2 ou 3 pots de gelée d'orties sauvages***

*100 g d'orties*
*1 kg de sucre à confiture*
*2 l d'eau*

- Lavez et ébouillantez les orties dans 2 l d'eau, remuez pendant 15 minutes à petit feu.
- Passez au chinois en pressant bien les feuilles pour récupérer l'eau de cuisson infusée.
- Mettez ce jus dans une casserole avec le sucre, faites chauffer 40 minutes à petite ébullition, écumez, puis laissez refroidir.
- Disposez en pots et patientez une bonne semaine avant de les ouvrir, afin que la gelée soit bien prise.

# Dans la forêt

## *Tarte à la châtaigne*

***Pour la pâte sablée***

*250 g de farine de châtaignes*
*125 g de beurre*
*70 g de sucre*
*1 œuf*
*1 cuillère à café de crème fraîche*
*Sel*

- Dans un grand bol, versez la farine, ajoutez-y le sel, le sucre et le beurre en morceaux.
- Battez l'œuf et incorporez-le au mélange, puis ajoutez la crème fraîche.
- Travaillez le tout jusqu'à obtention d'un mélange sans grumeaux.
- Formez ensuite une boule et laissez-la reposer au frais dans un torchon pendant 1 heure.
- Étalez la pâte au rouleau sur un plan de travail fariné, garnissez-en un moule beurré, faites quelques empreintes avec une fourchette et laissez cuire à blanc 20 minutes à 180 °C.



***Pour la garniture***

*200 g de purée de châtaignes*
*125 g de miel de châtaignier*
*50 g d'amandes effilées*
*2 œufs*
*15 cl de crème fraîche*
*Sel*

- Mixez la purée avec le miel, les œufs, les amandes et la crème de façon à obtenir un mélange homogène. Salez.
- Versez la préparation sur la pâte à tarte mi-cuite. Passez au four 20 minutes à 180 °C.

*La tarte à la châtaigne peut se faire à base d'une purée de châtaignes toute prête, ici d'Ardèche, moitié Sardounes et moitié Petites Pourettes, du domaine du Bois de Belle. On la dégustera au détour d'une forêt, sur un lit de mousse verdoyante.*

## Astuce

*Pour préparer vous-même votre purée de châtaignes : décortiquez les châtaignes préalablement entaillées et ébouillantées une dizaine de minutes, enlevez leur seconde peau et faites-les bouillir avec un tiers de leur quantité en sucre jusqu'à obtention de la purée.*

*Les paysages du Cantal offrent une grande diversité. On y trouve des plaines et des collines, des coins plus rocheux et des forêts, aux sous-bois recouverts de mousse verdoyante.*

# UN DÎNER *bucolique*

# Un dîner bucolique

*Au crépuscule de Provence*

*Coucher de soleil*

VIN D'ORANGES

*Verdure toastée*

TAPENADE D'OLIVES NOIRES
& PESTO DE ROQUETTE ET NOIX



*Aux parfums de Provence*

AUBERGINES MARINÉES
SUR PAIN GRILLÉ À L'AIL ET À L'HUILE D'OLIVE

*Plaisir d'été*

CARRÉ D'AGNEAU AU THYM CITRONNÉ & AIL CONFIT

*Saveurs d'antan*

POÊLÉE DE LÉGUMES ANCIENS

*Note sucrée*

SABLÉS AUX FIGUES RÔTIES

# Coucher de soleil

## *Vin d'oranges*

***Pour 1 bouteille d'1 litre***

*1 bouteille de rosé de l'Hérault*
*2 oranges non traitées*
*1 gousse de vanille*
*2 clous de girofle*
*20 cl d'alcool de fruits*
*90 g de sucre*

- Dans un saladier, versez le vin, le sucre et l'alcool de fruits, puis les zestes des oranges et leur jus.
- Ajoutez la gousse de vanille fendue et les clous de girofle, et laissez macérer de 3 semaines à 2 mois, tout en remuant régulièrement la première semaine pour bien dissoudre le sucre.
- Avec un entonnoir et un filtre à café, filtrez le vin en bouteille.
- Répétez l'opération plusieurs fois pour éviter le dépôt.
- Veillez à remplir jusqu'au goulot, cela évitera l'intrusion d'air pour une meilleure conservation.

- Ce vin se conserve 2 à 3 semaines après ouverture, de préférence au frais.

*Pour profiter des derniers rayons du soleil, l'apéritif est improvisé dans un coin du jardin. On accroche des photophores aux branches des oliviers et de la glycine. Cette ambiance lumineuse sera parfaite à la tombée de la nuit, si l'on souhaite prolonger le dîner en extérieur.*

**Astuce**

*Une fois le vin filtré, vous pouvez glisser de très fines rondelles d'oranges par le goulot de la bouteille, afin de décorer cette dernière. Cela accentuera le côté doux-amer du vin.*

*Le vin d'oranges aux parfums du Sud, préparé l'hiver et qui repose depuis quelques mois déjà, égaye la fin de journée par sa belle couleur orangée. Il se boit très frais.*

*Avec la roquette ramassée dans la journée et les olives achetées au marché, voici des pâtes à tartiner estivales pour accompagner le vin d'oranges. Pour ceux qui préfèrent une boisson moins sucrée, le Costière de Nîmes Terre des Chardons cuvée Marginal vous surprendra : avec ses notes de tapenade et de poivre, ce vin aux tanins râpeux est l'excellence même du minéral.*

# Verdure toastée

## Tapenade d'olives noires & Pesto de roquette et noix

***Pour la tapenade d'olives noires***

*250 g d'olives noires dénoyautées*
*1 petit bouquet de basilic*
*1 cuillère à soupe de moutarde forte*
*1 cuillère à café de câpres*
*10 cl d'huile d'olive*
*Fleur de sel, Thym citronné, Poivre*

***Pour le pesto de roquette et noix***

*Un gros bol de feuilles de roquette*
*2 gousses d'ail*
*Huile d'olive*
*50 g de copeaux de parmesan*
*100 g de noix*
*Fleur de sel*

- Mixez plus ou moins finement tous les ingrédients sauf l'huile, le thym citronné et le sel.
- Versez la préparation dans un bol et ajoutez l'huile d'olive, mélangez bien.
- Parsemez de thym citronné et éventuellement de fleur de sel.

- Mixez grossièrement la roquette avec la fleur de sel, les noix et l'ail pressé.
- Déposez la préparation dans un bol et ajoutez-y de l'huile d'olive jusqu'à obtention d'un mélange onctueux. Incorporez-y les copeaux de parmesan râpé.

*L'aubergine blanche est une variété douce qui a un goût légèrement sucré et plus fin que la violette. Accompagnez-la d'un pain de fabrication artisanale, comme ici le pain Pagnol, cuit sur pierre, développant ainsi des arômes naturels de châtaigne et de noisette.*

# Aux parfums de Provence

## Aubergines marinées sur pain grillé à l'ail et à l'huile d'olive

**✣ Astuce ✣**
*Préparez les aubergines la veille pour le lendemain voire le surlendemain, afin que les saveurs s'intensifient.*



***Pour les aubergines marinées***
*1 aubergine blanche et 1 aubergine violette*
*2 gousses d'ail*
*Quelques feuilles de sauge*
*Persil, Basilic*
*3 cuillères à soupe de vinaigre balsamique*
*5 cuillères à soupe d'huile d'olive*
*Sel, Poivre*

***Pour le pain grillé à l'ail et à l'huile d'olive***
*1 gousse d'ail*
*Huile d'olive*
*Pain artisanal*

- Dans une casserole, portez à ébullition 2 l d'eau salée, plongez-y les feuilles de sauge.
- Pendant ce temps, coupez les aubergines en dés (on peut conserver leur peau si elle est fine et qu'elles proviennent du jardin).
- Plongez-les dans l'eau bouillante et ajoutez le vinaigre balsamique.
- Laissez cuire une vingtaine de minutes à feu moyen.
- Préparez la marinade. Mélangez dans un petit saladier l'huile d'olive, le persil et le basilic ciselés, les gousses d'ail épluchées, le sel et le poivre.
- Égouttez les aubergines avec une écumoire puis versez-les dans la marinade.
- Mélangez et laissez reposer 24 heures.

- Servez frais sur des toasts de pains grillés, légèrement huilés et frottés avec la gousse d'ail.

# Plaisir d'été

## *Carré d'agneau au thym citronné & Ail confit*

***Le carré d'agneau (pour 4 personnes)***

*8 côtes d'agneau en carré*
*8 gousses d'ail en chemise ou plus selon votre goût*
*Sel, Poivre, Quelques branches de thym citronné*
*2 cuillères à soupe d'huile d'olive*

- Dorez le carré à la poêle à feu vif (côté gras et arrondi). Salez, poivrez.
- Faites cuire le carré dans un plat avec les gousses d'ail entières écrasées et le thym citronné autour, et un filet d'huile d'olive, à four chaud pendant 25 minutes (200 °C).

***Pour 1 bocal d'ail confit***

*3 têtes d'ail rose jeune*
*2 branches de thym et de romarin*
*15 grains de poivre noir*
*1 pincée de gros sel*
*Huile d'olive*

- Après avoir retiré leur première peau, mettez les gousses d'ail dans une casserole.
- Ajoutez les 2 branches de thym et de romarin, les grains de poivre noir et le gros sel.
- Nappez d'huile d'olive et faites chauffer à feu très doux 45 minutes à 1 heure.
- Une fois confites, laissez les gousses refroidir, puis versez-les dans un bocal stérilisé.
- Oubliez ce dernier quelques mois à l'abri de la lumière.

*Le carré d'agneau est cuit au four avec du thym citronné et de l'ail rose en chemise, lequel fait son apparition sur les marchés de Provence fin avril. Ce sont ces têtes d'ail jeune que l'on va utiliser pour préparer nos bocaux, qui reposeront quelques mois avant d'être ouverts au début de l'été. Ils accompagneront les viandes ou seront tout simplement dégustés à l'apéritif.*

**Astuce**

*La cuisson doit être rapide afin de garder la viande tendre.*

*On accompagnera le carré et les légumes racines printaniers d'un vin de Collioure du domaine Saint-Sébastien, qui s'étend de la côte Vermeille méditerranéenne aux crêtes des Albères. La cuvée Inspiration Céleste 2008 nous offre ici un vin de caractère, charnu, rond et puissant, qui se marie parfaitement avec l'agneau rôti. À carafer une heure à l'avance.*

# Saveurs d'antan

## Poêlée de légumes anciens

### *Poêlée de légumes anciens*

*2 panais, 2 radis chinois*
*2 betteraves jaunes*
*1 grosse botte de radis multicolores*
*8 carottes*
*1 botte d'oignons blancs*
*Thym frais citronné*
*Huile d'olive*
*Sel, Poivre*

### *À préparer séparément*

*1 botte de pointes d'asperges vertes*
*30 g de beurre*
*1 botte d'artichauts poivrade*
*Huile d'olive, Thym frais citronné*

- Lavez et brossez soigneusement les légumes (sans les éplucher), coupez-les en quatre dans le sens de la longueur.
- Mélangez tous les légumes dans un plat allant au four avec du sel, du poivre, du thym citronné et de l'huile d'olive.
- Placez au four 30 à 40 minutes à 200 °C.
- Remuez régulièrement afin de faire dorer les légumes de tous les côtés.

- Préparez les artichauts. Cassez les tiges, lavez-les et coupez-les en quatre.
- Dans une sauteuse, faites chauffer l'huile d'olive. À feu modéré, colorez légèrement les artichauts, ajoutez du thym citronné et faites cuire à feu doux et à couvert pendant 10 minutes environ.

- Préparez les asperges. Rincez-les et faites-les revenir à feu moyen dans une petite sauteuse avec du beurre pendant 7 à 10 minutes.

# Note sucrée

## *Sablés aux figues rôties*

***Pour les sablés***

*75 g de beurre salé*
*125 g de farine*
*65 g de sucre, moitié blanc moitié roux*

- Dans une casserole, faites fondre le beurre, ajoutez-y le sucre, puis la moitié de la farine.
- Hors du feu, versez le restant de farine de façon à obtenir une pâte friable tout en restant souple.
- Disposez la pâte dans des cercles à pâtisserie, et passez 10 minutes au four à 190 °C.

***Pour la ganache (crème de lavande)***

*6 cuillères à soupe de lait*
*3 cuillères à soupe de miel doux*
*50 g d'amandes en poudre*
*25 g de sucre*
*2 œufs*
*50 g de beurre*
*1 cuillère à soupe rase de Maïzena*
*Quelques fleurs de lavande*

- Versez dans une casserole le lait et le miel avec les fleurs de lavande et faites-les chauffer à feu très doux.
- Filtrez le mélange à l'aide d'une passoire.
- Dans un saladier, battez les œufs avec le sucre, la poudre d'amandes et la Maïzena, puis versez le lait au miel tout en fouettant de manière à obtenir un mélange lisse.
- Reversez le mélange dans la casserole et portez-le à ébullition sans cesser de remuer pour faire épaissir la crème.
- Hors du feu, incorporez le beurre en dés.
- Laissez refroidir.

***Pour les figues rôties***

*4 figues*
*1 verre de vin Mas Amiel*
*Une branche de romarin*
*30 g de pignons de pin*

- Disposez les figues coupées en quatre dans un plat à gratin, versez le verre de vin dessus, parsemez de romarin et de pignons de pin.
- Passez au four 30 minutes à 190 °C, puis disposez les figues sur les sablés recouverts de la ganache.

**Astuce**

*Préparez la pâte et la ganache pendant la cuisson des figues, et servez aussitôt que les tartelettes sont prêtes, afin que celles-ci ne sèchent pas.*

**Mas Amiel**

*Ce vin de Maury aux notes poivrées, avec une pointe de balsamique et de réglisse, se mélange avec le jus des figues pour donner un sirop de belle couleur pourpre.*

*Ces tartelettes ont la particularité d'être élaborées avec une pâte sablée rustique, friable, d'où la nécessité de les réaliser individuellement. Les figues sont, ici, rôties au four avec un vin de la région du Languedoc, le Mas Amiel (Grenache, Mourvèdre, Syrah et Carignan).*

*Que ce soit dans un coin du jardin, en terrasse ou dans le patio, prolonger le dîner jusqu'à la tombée de la nuit est un bon moyen pour profiter de la quiétude du Sud, des odeurs de lavande et de romarin, ou du chant des grillons.*

# UNE VISITE *à la ferme*

# Une visite à la ferme

*Dans la vallée du Buëch*

*Au marché*

CRÉPINETTES

*Cochonnailles du jour*

TERRINE AU GENIÈVRE

*À l'auberge*

FILET MIGNON FARCI AUX HERBES

*Côté potager*

FLANS DE BUTTERNUT À L'ORANGE ET À LA CORIANDRE

*Dans la bergerie*

LAIT, TOMES, FROMAGES BLANCS ET FROMAGES FRAIS

*Douceurs de la ferme*

CRÈMES AUX ŒUFS À L'ORANGE
& PETITS SABLÉS À LA FLEUR D'ORANGER

# Au marché

## Crépinettes

**Pour 12 crépinettes**

*700 g d'épaule maigre*
*300 g de gorge*
*16 g de sel*
*3 g de poivre blanc*
*1 échalote*
*1 gousse d'ail*
*1 bouquet de persil*
*1 verre de vin blanc sec*
*1 crépine de porc*
*20 g de beurre*

- Coupez la viande et la gorge en gros morceaux.
- Assaisonnez-les et hachez-les.
- Ajoutez l'ail, l'échalote et le vin blanc.
- Formez des boules de 100 g de chair et aplatissez-les. Parsemez-les de persil et entourez-les de crépine.
- Faites rissoler les crépinettes à la poêle 5 minutes de chaque côté.



*Les crépinettes sont une tradition girondine. Petites saucisses plates entourées de crépine de porc, elles sont délicieuses badigeonnées de beurre et juste poêlées, accompagnées d'une salade croquante et d'un verre de Muscadet Sèvre & Maine sur Lie cuvée L d'Or, apportant à ce plat relevé une belle fraîcheur par son acidité et une bouche suffisamment grasse.*

### ✣ Astuce ✣

*Servez les crépinettes avec une salade de mâche croquante assaisonnée d'huile d'olive, de citron et de vinaigre de miel.*

*La ferme-auberge du Chevalet se situe aux portes de la Provence et aux pieds des Alpes, dans le Haut-Buëch. Térence a repris cette exploitation il y a quelques années et y a développé sa passion du cochon. Il s'est associé depuis peu avec son ami d'enfance Mathieu, agriculteur-fromager. L'élevage de brebis complète ainsi la production de la ferme avec les fromages et leurs dérivés, ainsi que la viande d'agneau.*

*Chaque samedi sur le marché de Gap, ou la veille lors de la vente du producteur à la ferme, on peut découvrir de nouveaux produits selon les saisons. Cette recette de terrine se décline ainsi en fonction des produits dont vous disposez. Elle est ici au genièvre, mais peut se cuisiner au foie ou encore façon « campagne ».*

# Cochonnailles du jour

## Terrine au genièvre

*Pour une terrine au genièvre de 1 kg*

*400 g de maigre de porc*
*350 g de gorge de porc*
*250 g de foie de porc*
*16 g de sel*
*2,5 g de poivre gris*
*1 g de quatre épices*
*1 g de muscade*
*2 œufs*
*5 cl de cognac*
*5 g de genièvre fraîchement moulu*
*Persil haché*
*1 gousse d'ail*
*1 échalote*
*1 l de bouillon*

- Coupez la gorge en morceaux et échaudez-la 15 minutes au bouillon.
- Coupez le maigre en cubes et mélangez-le avec la gorge.
- Coupez le foie en lèches (morceaux coupés en long).
- Ajoutez 1/3 de l'assaisonnement (ail, persil, sel, poivre, épices, muscade, genièvre et cognac) au foie, 2/3 à la gorge et au maigre.
- Réservez 24 heures au frais.
- Broyez le foie à la petite grille et le reste à la grosse grille.
- Ajoutez les œufs et l'échalote émincée.
- Moulez dans une terrine et enfournez à 200 °C. Réglez à 150 °C après coloration et laisser cuire 1 heure (80 °C à cœur).
- Réservez au frais au moins 24 heures avant de servir.

# À l'auberge

## *Filet mignon farci aux herbes*

***Filet mignon (pour 2 personnes)***

*Une petite poignée de persil plat, de menthe, de ciboulette, de roquette, de petits épinards et de cresson*
*4 tranches de filet mignon de porc de 1,5 cm d'épaisseur*
*30 g de beurre*
*Sel, Quelques grains broyés de poivre de Sichuan*

- Faites fondre la moitié du beurre dans une poêle. Quand il se colore, ajoutez les herbes et mélangez bien. Salez et poivrez.
- Dédoublez les 4 médaillons de façon à les ouvrir en portefeuille, aplatissez-les avec la main. Assaisonnez l'intérieur avec du sel et du poivre.
- Repliez-les. Salez et poivrez de nouveau l'extérieur.
- Faites cuire dans le reste du beurre 3 à 4 minutes de chaque côté.

***Pour la sauce au porto***

*2 échalotes*
*10 cl de porto blanc*
*1 noix de beurre*

- Lorsque les médaillons sont cuits, disposez-les sur une grille, dégraissez la cocotte et déglacez avec le porto et la noix de beurre.
- Faites réduire de moitié.
- Ajoutez les échalotes ciselées, faites-les revenir jusqu'à ce qu'elles prennent une couleur dorée.
- Servez les médaillons sur la sauce.

*Les repas servis à l'auberge sont préparés en fonction des produits que l'on y trouve. La viande de porc, servie sous toutes ses formes, est assurément la vedette, mais on peut également déguster de l'agneau de lait ou du poulet. Les légumes sont eux aussi choisis dans le potager et la serre, et varient ainsi selon les saisons.*

**Astuce**

*Vous pouvez farcir votre filet mignon avec différentes herbes (bettes, coriandre fraîche, oseille, thym citronné frais...).*

# Côté potager

## *Flans de butternut à l'orange et à la coriandre*

***Pour 6 petits flans***
*200 g de courge butternut*
*15 g de beurre*
*1 pincée de cannelle*
*16 graines de coriandre*
*1 zeste d'orange bio râpé*
*1 œuf entier + 1 jaune*
*15 cl de lait entier*
*2 cuillères à soupe de sucre roux*
*Sel, Poivre*

- Lavez et épluchez la butternut, râpez-la très finement et versez-la dans une casserole avec le beurre, le sucre et le zeste d'orange.
- Couvrez d'eau et faites cuire à feu doux et à couvert.
- Découvrez au bout de 5 minutes et poursuivez la cuisson jusqu'à ce qu'il ne reste plus de liquide : la butternut doit être fondante et légèrement caramélisée.
- Ajoutez du sel et du poivre. Portez le lait à ébullition avec les graines de coriandre et versez-le dans un blender avec la butternut.
- Mixez bien pour obtenir une crème épaisse.
- Ajoutez les œufs battus et la cannelle, mélangez bien.
- Versez dans des ramequins beurrés et disposez-les dans un plat au four au bain-marie à 150 °C.
- Faites cuire environ 30 à 40 minutes.
- Laissez reposer 15 minutes avant de démouler.

***Pour les pommes de terre rôties au barbecue***
*600 g de pommes de terre Ratte du Touquet*
*15 cl d'huile d'olive*
*6 gousses d'ail en chemise*
*Thym frais*

- Lavez et brossez les petites pommes de terre, sans les éplucher.
- Mélangez-les dans une marinade composée d'huile d'olive, de gousses d'ail entières écrasées (pour que le goût se répande) et de thym frais.
- Versez ensuite l'ensemble dans un plat en fonte recouvert de papier d'aluminium en prenant soin d'enlever l'huile, fermez en papillote et faites chauffer au barbecue une trentaine de minutes, en retournant les pommes de terre à mi-cuisson.

### Astuce

*Vous pouvez remplacer la butternut par des patates douces ou des carottes.*

*Pour accompagner le filet mignon farci aux herbes et les flans de butternut, vous pouvez préparer des pommes de terre rôties au barbecue.*

*Les brebis aveyronnaises sont racées et élégantes, et ont la particularité de donner beaucoup de lait. Réputées pour le fromage de Roquefort, elles sont en pâturage dans les montagnes de la Haute-Beaume, en attendant de passer à la traite pour donner des fromages lactiques ou à pâtes dures. Pour compléter sa production, la ferme du Chevalet se fournit à la ferme de Baumugnes, qui élève principalement des vaches tarines et produit notamment une délicieuse tome au cumin.*

*Lait, tomes, fromages blancs et fromages frais*

# Dans la bergerie

# Douceurs de la ferme

## *Crèmes aux œufs à l'orange*
## *& Petits sablés à la fleur d'oranger*

***Pour 12 petits pots de crème***

*1 l de lait entier*
*10 œufs*
*180 g de sucre*
*1 gousse de vanille*
*1 orange non traitée*

- Faites chauffer le lait, le sucre et la vanille entière dans une casserole jusqu'à ébullition. Laissez reposer 30 minutes.
- Retirez la gousse de vanille, prélevez ses grains que vous rajouterez dans le mélange.
- Battez les œufs dans un saladier, puis versez-y la préparation tout en continuant de battre. Ajoutez le jus de l'orange.
- Versez dans de petits moules et faites cuire 25 minutes au bain-marie dans un four préchauffé à 170 °C.

***Pour une trentaine de sablés à la fleur d'oranger***

*250 g de farine*
*100 g de beurre doux*
*50 g de beurre salé*
*100 g de sucre roux*
*1 jaune d'œuf*
*2 cuillères à soupe de fleur d'oranger*
*1 cuillère à café d'extrait de vanille liquide*

- Faites fondre au bain-marie le beurre, ajoutez le sucre roux puis la vanille, la fleur d'oranger et enfin le jaune d'œuf.
- Fouettez, retirez du feu.
- Dans un bol, tamisez la farine. Incorporez-la délicatement à la première préparation, mélangez de façon à former une boule.
- Laissez reposer 1 heure au frais, puis étalez la pâte entre 2 feuilles de papier sulfurisé (la pâte doit être beurrée et légèrement collante).
- Formez des cercles avec un emporte-pièce ou un verre.
- Passez les biscuits au four chaud (180 °C) une dizaine de minutes. Laissez-les reposer.
- Faites refroidir sur une grille à pâtisserie.

*Les crèmes aux œufs sont une autre spécialité de la maison. Onctueuses et délicieusement parfumées, elles sont d'un jaune très soutenu, car les œufs utilisés sont ceux pondus le jour même par les poules de la ferme. Une recette à décliner à l'infini côté arômes, pour le plus grand bonheur de toute la famille !*

## Astuce

*Pour réaliser une crème aux œufs digne de celles de nos grands-mères, utilisez des œufs fermiers au jaune bien or, un véritable luxe de nos jours !*

*Ces brebis rustiques Thônes et Marthod, aux belles cornes et au pelage dense et bouclé, sont originaires de Savoie. Elles sont élevées pour la production d'agneaux et leur lait, lequel est transformé directement à la ferme en tomes de brebis, fromages blancs battus...*

# UN DIMANCHE *à la campagne*

# Un dimanche à la campagne

*Escapade en Eure-et-Loir*

*Pour se réchauffer*

VELOUTÉ DE CHÂTAIGNES AUX PLEUROTES
& TUILES AU PARMESAN

*Retour de chasse*

LAPIN AU LARD FUMÉ ET AU CIDRE, CONFIT AU CITRON



*Mélange forestier*

POÊLÉE DE PLEUROTES ET SHIITAKE

*Le temps retrouvé*

NORMANDE DE MALITOURNE
& SA CRÈME ANGLAISE FAÇON GRAND-MÈRE

*Évasion liquoreuse de 5 à 7*

VIN DOUX ACIDULÉ & CROQUANTS AU SÉSAME

*Ce velouté est un mélange explosif de saveurs, réconfortant pour les fraîches journées de fin d'automne. Les petites tuiles au parmesan rappelleront l'été et se marieront parfaitement avec les châtaignes.*

## Velouté de châtaignes aux pleurotes & Tuiles au parmesan

# Pour se réchauffer

***Pour le velouté de châtaignes***

*400 g de châtaignes*
*2 pleurotes*
*2 échalotes, 2 gousses d'ail*
*2 branches de céleri, 2 poires*
*100 g de lardons fumés*
*1 feuille de laurier, Thym frais*
*1 verre de vin blanc sec*
*1 l de bouillon de légumes bio*
*Poivre du moulin*
*Noix de muscade, Persil*

***Pour les tuiles au parmesan***

*Un gros morceau de parmesan coupé en copeaux*

- Faites revenir les lardons dans une sauteuse, réservez-les. Dans le gras du lard, faites dorer les échalotes, l'ail, le céleri coupé en rondelles et 1 poire coupée en dés.
- Ajoutez les 3/4 des châtaignes quelques minutes, puis déglacez au vin blanc.
- Versez le bouillon chaud, le laurier, le poivre, la muscade râpée et le thym.
- Laissez mijoter 40 minutes après ébullition, à feu moyen. Mixez ensuite l'ensemble, écumez le dépôt éventuel.
- Dans une poêle, faites revenir les pleurotes quelques minutes, ajoutez-y le reste des châtaignes et les lardons pré-cuits.
- Servez le velouté dans des bols, et déposez ce mélange directement dessus, avec la deuxième poire coupée en fines lamelles et des brins de persil.

- Pour les tuiles. Disposez sur une plaque de four recouverte de papier sulfurisé des copeaux de parmesan fins sur un cercle de 8 cm de diamètre. Passez au four chaud 5 minutes à 180 °C, sortez les tuiles, attendez 1 minute qu'elles tiédissent et durcissent légèrement pour les poser sur un rouleau à pâtisserie et leur donner leur forme. Une fois qu'elles se figent, les tuiles sont prêtes !

# Retour de chasse

## *Lapin au lard fumé et au cidre, confit au citron*

***Pour 4 personnes***

*4 râbles de lapin*
*8 tranches de poitrine de porc fumée*
*8 pommes de terre Ratte du Touquet, 8 pommes de terre Belle de Fontenay*
*4 citrons Bergamote non traités*
*4 gousses d'ail*
*4 échalotes*
*16 feuilles de sauge*
*2 verres de cidre*
*2 cuillères à soupe d'huile d'olive*
*Sel, Poivre*
*Ficelle*

- Enrobez les râbles de 2 tranches de poitrine fumée et de 4 feuilles de sauge. Ficelez l'ensemble.
- Émincez les échalotes et coupez le citron en 8 tranches.
- Faites chauffer l'huile d'olive dans une cocotte en fonte, faites-y revenir les gousses d'ail entières et les râbles pour qu'ils dorent sur chaque face. Réservez.
- Faites cuire dans la cocotte les échalotes et les pommes de terre lavées et brossées, avec leur peau, et les tranches de citron, 5 minutes à feu moyen.
- Salez et poivrez. Ajoutez les râbles, l'ail et le cidre.
- Couvrez et laissez mijoter 30 minutes.
- Servez les râbles accompagnés de la poêlée de champignons.

*Cette recette est un plat typiquement campagnard. Le lapin est cuisiné ici avec la sauge du jardin, en petites papillotes naturelles. Les citrons confits en cocotte parfument ce plat à merveille. Il est cuit au cidre, ce qui lui confère une petite touche normande originale.*

### Astuce

*Si vous souhaitez que votre plat soit bien citronné, utilisez des citrons Bergamote, plus petits et plus ronds que les citrons classiques, mais surtout moins acides et beaucoup plus forts en goût.*

*Pour accompagner les râbles de lapin, j'ai choisi un vin du Val de Loire, un Bourgueil Tuffeau 2008 du domaine Chasle, minéral et fruité, aux arômes de sous-bois, de calcaire et de fruits rouges. Corsé et tannique, ce vin charpenté s'accorde idéalement avec ce plat !*

# Mélange forestier

*Poêlée de pleurotes et shiitake*

*400 g d'un mélange de pleurotes et de champignons shiitake (japonais)*
*2 cuillères à soupe d'huile d'olive*
*Sel, Poivre*
*1 petit bouquet de persil*

- Rincez les champignons plusieurs fois pour bien enlever la terre.
- Coupez-les délicatement en fines lamelles.
- Dans une poêle, faites sauter le mélange dans un fond d'huile d'olive, et ajoutez le persil au dernier moment. Salez et poivrez.
- Réservez la poêlée puis servez avec les râbles de lapin.

# Le temps retrouvé

## Normande de Malitourne
## & Sa crème anglaise façon grand-mère

***Pour la pâte brisée***

*250 g de farine*
*150 g de beurre*
*1 œuf, Eau*

- Malaxez la farine et le beurre, ajoutez éventuellement 1 œuf et de l'eau pour obtenir une pâte homogène ni friable ni collante.
- Laissez la pâte reposer au minimum 1 heure au frais, puis étalez-la avec un rouleau à pâtisserie.

***Pour la garniture***

*5 pommes Reine des reinettes*
*50 g de beurre, 1 œuf*
*50 g de sucre*
*50 g de poudre d'amandes*
*1 cuillère à café de cannelle*
*1 gousse de vanille*

- Tapissez une tourtière assez profonde avec la pâte brisée.
- Épluchez les pommes, coupez-les en quartiers. Faites-les ensuite revenir dans une poêle avec une noix de beurre, la gousse de vanille et la cannelle.
- Disposez-les sur la pâte et enfournez à 220 °C pour 35 minutes.
- Sortez le plat du four et laissez reposer 30 minutes.
- Aplatissez les pommes et versez sur le dessus un mélange de sucre, d'amandes, de beurre et d'œuf battu.
- Remettez la tarte au four jusqu'à ce que le mélange soit bien doré.

***Pour la crème anglaise***

*125 g de sucre*
*4 œufs*
*50 cl de lait*
*1 gousse de vanille*
*1 cuillère à café de Maïzena*
*Une miette de beurre*

- Mélangez le sucre et les jaunes d'œufs jusqu'à obtention d'un liquide mousseux quasiment blanc. Réservez.
- Faites chauffer le lait et la gousse de vanille, arrêtez dès qu'apparaît un léger frémissement.
- Ajoutez-y la Maïzena afin de conserver une crème épaisse, puis le mélange œufs et sucre sur feux très doux. Tournez une dizaine de minutes sans vous arrêter. Rajoutez une miette de beurre sur la fin pour figer le tout.
- Laissez refroidir avant de servir.

**Astuce**

*Faites votre pâte brisée vous-même et votre dessert n'en sera que meilleur !*

*Voici un gâteau qui me rappelle mon enfance : une belle manière d'utiliser les pommes ramassées au jardin pour en faire un dessert gourmand et original. La Reine des reinettes est une variété de pomme ancienne, croquante et acidulée, qui se cueille dès l'automne et constitue l'ingrédient parfait pour ce type de gâteau.*

# Évasion liquoreuse de 5 à 7

## *Vin doux acidulé & Croquants au sésame*

***Pour 3 bouteilles***
*4 pommes Reine des reinettes*
*4 citrons non traités*
*2 cuillères à soupe de fleur d'oranger*
*500 g de sucre*
*2 l de vin blanc sec*
*12 clous de girofle*
*6 cosses de cardamome*
*6 grains de poivre de Madagascar*

- Coupez les citrons et les pommes en petits dés dans un saladier.
- Ajoutez le vin et la fleur d'oranger, les épices et le sucre, et laissez macérer une semaine en remuant de temps en temps.
- Filtrez la mixture, mettez-la en bouteilles et laissez vieillir pendant 3 mois.



***Pour une vingtaine de croquants au sésame***
*300 g de graines de sésame*
*100 g de sucre*
*50 g de miel*
*1/2 citron*

- Dans une petite casserole, faites revenir à feu doux les graines, le sucre, le jus de la moitié du citron et le miel, en remuant de manière continue jusqu'à ce que le mélange se colore.
- Versez le tout sur une plaque recouverte de papier sulfurisé, sur une épaisseur homogène, plus ou moins fine.
- Une fois l'ensemble tiédi, découpez en carrés et laissez refroidir.

*Cet élixir à base de vin blanc se dégustera tout aussi bien en apéritif qu'en fin d'après-midi. Les arômes seront sublimés avec le temps de macération et de vinification.*

*Cette maison en Eure-et-Loir a baigné mon enfance de multiples souvenirs liés aux repas et au potager. Située au bord de l'eau, elle abritait bon nombre d'animaux à l'époque de ma grand-mère. Je me souviens encore des œufs pondus le matin et ramassés au poulailler, des oies plumées pour les repas de fête et du gibier ramené de la chasse en automne.*

# UN DÉJEUNER *hivernal*

# Un déjeuner hivernal

*Brunch au coin du feu*

*Fraîcheur poivrée*

JUS DE POIRES PRESSÉES
AU CITRON, GINGEMBRE ET POIVRE DE MADAGASCAR

*Plaisir sucré-salé*

ŒUF COCOTTE AUX MORILLES &
MOUILLETTES ÉPICÉES AUX ÉCORCES D'ORANGE

*Façon bistrot*

MINI-TARTARE DE BŒUF & FRITES AU ROMARIN

*Tentation gourmande*

MINI-CRUMBLES POIRE ET VANILLE

*Petit creux de l'après-midi*

COOKIES AUX NOISETTES ET AUX NOIX
& INFUSION CITRONNÉE À LA CARDAMOME

*Le brunch est la formule idéale pour profiter d'un dimanche hivernal entre amis. Rien de tel pour commencer le repas qu'un jus de poires pressées au gingembre, pulpeux, tonique et légèrement poivré.*

# Fraîcheur poivrée

*Jus de poires pressées au citron, gingembre et poivre de Madagascar*

***Pour 4 verres***

*8 poires*
*3 citrons non traités*
*1 gros morceau de gingembre frais*
*6 grains de poivre noir de Madagascar*

- Épluchez et coupez les poires en morceaux.
- Mettez-les dans un mixer ou, mieux encore, une centrifugeuse.
- Ajoutez la pulpe des citrons, le gingembre coupé en petits morceaux et les grains de poivre concassés.
- Mixez le tout de façon à obtenir un mélange épais, versez dans une carafe et laissez au frais 30 minutes avant de servir.

# Plaisir sucré-salé

## Œuf cocotte aux morilles

*1 gros œuf*
*100 g de morilles fraîches*
*3 cuillères à soupe de crème fraîche semi-épaisse*
*1 poignée de cresson alénois*
*1 échalote*
*1 cuillère à café de noix de muscade*
*Sel, Poivre du moulin*
*Huile d'olive*

- Commencez par rincer plusieurs fois les morilles.
- Faites-les revenir quelques minutes à la poêle dans un fond d'huile d'olive, avec l'échalote ciselée.
- Réservez et poêlez légèrement le cresson alénois dans le fond de la poêle huilée.
- Déposez les 2/3 de la crème dans le fond du ramequin.
- Parsemez de muscade en poudre et d'une partie du mélange échalotes et morilles, ainsi que du cresson alénois.
- Cassez l'œuf dessus.
- Ajoutez 1 cuillère à soupe de crème fraîche, le reste des champignons et du cresson. Assaisonnez avec sel, poivre et herbes.
- Faites cuire au bain-marie 10 minutes en refermant bien le ramequin, à légère ébullition.
- Dégustez aussitôt avec des mouillettes de pain d'épices aux écorces d'orange sanguine.

*Pour mes œufs cocotte, j'utilise des petits ramequins en verre de chez Pyrex. Ils sont parfaits, car la cuisson s'y fait tout en douceur, au bain-marie dans une casserole, laissant ainsi un jaune bien coulant et un blanc saisi. Mais il est très difficile aujourd'hui de trouver ces récipients. Vous pouvez donc utiliser des ramequins en céramique ou en terre. La cuisson se fera alors au four à 210 °C, un peu moins longtemps, entre 5 et 7 minutes.*

### Astuce

*Pour un brunch plus festif, vous pouvez remplacer les morilles par des copeaux de truffe, c'est un régal !*

*Ces petites mouillettes seront parfaites pour accompagner l'œuf cocotte aux morilles, apportant une saveur sucrée-salée délicieuse.*

# Mouillettes épicées aux écorces d'orange

**Astuce**
*Préparez le pain d'épices la veille, il n'en sera que meilleur, le temps qu'il s'imprègne de toutes les épices.*



*Pour un pain d'épices*

200 g de farine de sarrasin
300 g de farine bise (semi-complète)
500 g de miel de châtaignier
4 cuillères à soupe de cassonade
60 g d'amandes en poudre
25 cl de lait
1 sachet de levure
1 pincée de sel
1 cuillère à café de bicarbonate de soude
1 cuillère à soupe de cannelle, de gingembre, d'anis vert, de muscade, de fleur d'oranger
2 clous de girofle
Quelques graines d'anis
1 orange sanguine non traitée et son zeste

- Portez le lait à ébullition, ajoutez-y le miel, le sel et les clous de girofle. Faites fondre le miel à feu doux puis réservez.
- Dans un saladier, tamisez les farines, la levure, le sucre, les amandes en poudre et les épices.
- Mélangez bien puis ajoutez le zeste de l'orange et son jus.
- Versez le lait au miel, mélangez et mettez la préparation dans un moule à cake préalablement beurré et fariné, ou tapissé de papier sulfurisé.
- Parsemez de graines d'anis.
- Faites reposer 1 heure.
- Préchauffez le four, puis faites cuire le pain d'épices à 130 °C, 45 à 55 minutes selon le four.
- Démoulez le pain d'épices et laissez-le refroidir sur une grille pour qu'il sèche bien.
- Laissez-le reposer 24 heures recouvert d'un torchon, à température ambiante.

# Façon bistrot

## *Mini-tartare de bœuf & Frites au romarin*

***Pour 2 mini-tartares de bœuf***

*400 g de filet ou de rumsteck*
*4 oignons doux (blancs)*
*1 cuillère à soupe de moutarde*
*1 gousse d'ail*
*Quelques branches de persil plat*
*1 œuf*
*Sel, Poivre*

- Coupez la viande au couteau et ciselez-la finement.
- Émincez les petits oignons blancs, l'ail et le persil.
- Incorporez-les à la viande avec 1 cuillère de moutarde ou plus et le jaune de l'œuf. Salez et poivrez.
- Laissez reposer au frais 15 minutes avant de servir.



***Pour les frites au romarin***

*600 g de grosses pommes de terre*
*6 gousses d'ail*
*Huile d'olive*
*Quelques branches de romarin*
*Fleur de sel*

- Sans éplucher les pommes de terre, grattez-les avec une brosse en fibres naturelles, puis faites-les blanchir 5 minutes dans l'eau à ébullition.
- Préchauffez le four à 220 °C et mettez les pommes de terre égouttées avec l'ail et des branches de romarin sur une lèchefrite.
- Arrosez avec un peu d'huile d'olive.
- Faites cuire 40 minutes environ.
- Parsemez de gros sel au moment de servir.

*Pour accompagner votre tartare, vous pouvez boire un verre de Scamandre, Terre de Graves, d'argile et d'imagination, surprenant par sa puissance en bouche pour un vin de la vallée du Rhône, rappelant fortement les vins du Languedoc aux cépages similaires (Syrah, Grenache, Carignan, Mourvèdre). Ce vin tannique, bien que fruité (notes de truffe, de cassis et de framboise) et épicé (réglisse, cuir et poivre), est délicieusement rond et nous fait retrouver toute la garrigue de la petite Camargue où il est élaboré à partir de vieilles vignes.*

**Astuce**

*Passez les frites 5 minutes au gril avant la fin de la cuisson, pour les rendre croustillantes en surface et tendres à l'intérieur.*

*Le secret d'un tartare réussi, c'est avant tout la qualité de la viande. N'hésitez pas à vous procurer une bonne pièce tendre de filet ou de rumstek.*

*Ces petits crumbles aux fruits d'hiver se réalisent avec une pâte tout autant de saison, à base de noix et de noisettes.*

# Mini-crumbles poire et vanille

***Pour les miettes (4 petits crumbles)***

*100 g de beurre à température ambiante*
*100 g de sucre blanc*
*60 g de noisettes hachées*
*60 g de noix hachées*
*100 g de farine de blé*
*1 cuillère à soupe de gingembre en poudre*

***Pour les fruits***

*8 poires*
*1 noisette de beurre*
*1 gousse de vanille*

- Préparez les miettes en mélangeant dans un récipient le sucre, les noisettes et les noix hachées et le gingembre.
- Ajoutez la farine et le beurre mou, et travaillez délicatement et rapidement la pâte afin d'obtenir un mélange granuleux.
- Dans une poêle, faites revenir les poires avec un peu de beurre et la vanille de la gousse, rapidement et à feu moyen, afin de dorer les poires sans qu'elles rendent trop de jus.
- Versez les fruits dans 4 moules individuels ou un moule à manquer, puis recouvrez de miettes.
- Passez au four 25 à 30 minutes à 180 °C.

*Au retour d'une promenade en forêt, rien de mieux qu'un feu de cheminée pour se réchauffer. L'odeur des cookies préparés après le déjeuner a déjà empli la pièce. Ces petites douceurs peuvent être dégustées avec une infusion citronnée à la cardamome.*

# Petit creux de l'après-midi

## Cookies aux noisettes et aux noix & Infusion citronnée à la cardamome

**Astuce**

*Placez les boules de la préparation pour cookies 20 bonnes minutes au frais avant la cuisson, pour éviter qu'elles ne s'étalent sur la plaque.*

***Pour une trentaine de cookies***

*125 g de beurre demi-sel*
*75 g de sucre blanc, 60 g de sucre roux*
*100 g de farine de sarrasin*
*75 g de farine de blé*
*1 œuf*
*100 g de copeaux de chocolat*
*40 g de noisettes hachées*
*20 g de noix hachées*
*1 gousse de vanille*
*1 cuillère à café de bicarbonate de soude*

***Pour l'infusion citronnée***

*4 cosses de cardamome, 1 citron non traité, ½ l d'eau*

***Pour les cookies***

- Fouettez le beurre mou fondu et le sucre blanc pour obtenir un mélange blanchâtre. Ajoutez-y l'œuf et la vanille, mélangez.
- Dans un autre récipient, tamisez les deux farines et le sucre roux. Ajoutez le bicarbonate, le mélange noix / noisettes et les copeaux de chocolat. Mélangez les deux préparations et malaxez à la main.
- Laissez reposer 20 minutes au frais, puis formez des petites boules avec le mélange sur une plaque à pâtisserie, sur papier sulfurisé, suffisamment espacées (9 boules par fournée).
- Faites cuire 15 minutes à four préchauffé (170 °C) et aplatissez les boules à 10 minutes de cuisson.
- Déposez les cookies sur une grille et laissez-les sécher pour qu'ils soient bien croustillants.

***Pour l'infusion citronnée***

- Faites bouillir l'eau, ajoutez-y le jus du citron, les cosses de cardamome ouvertes. Laissez infuser 5 à 10 minutes selon votre convenance.

*Un beau dimanche se termine au coin du feu,*
*la maison encore empreinte des douces odeurs de cuisine.*

# Index des recettes

# Carnet d'adresses

UN PIQUE-NIQUE CHAMPÊTRE

*La décoration :*

*Sensitive & Fils - www.sensitiveetfils.com - 31, rue Faidherbe, Paris 11e (Plateau indien Chapatti p. 15 et p. 19)*
*Francine Triboulet - www.lecarredatelier.fr (Bol p. 15)*

*Le marché :*

*Alterres Envies - alterresenvies.free.fr (Gelée d'orties sauvages p. 18)*
*Domaine du Bois de Belle - Le Nozier - Thines 07140 Malarce sur la Thines (Purée de châtaignes p. 20)*
*Patrick Barbat - 15190 Saint-Amandin (Miel de châtaignier p. 20-21)*

*Le vin :*

*Domaine Laurens - www.domaine-laurens.com (Vin de Marcillac p. 17)*

UN DÎNER BUCOLIQUE

*La décoration :*

*Alterres Envies - alterresenvies.free.fr - 68, rue des Gravilliers, Paris 3e (Assiettes Jars p. 33 et p. 39)*
*Bloomsong - www.bloomsong.com (Linge de table p. 33 et p. 39)*
*Atelier LZC - www.atelierlzc.com (Ardoise p. 29 et p. 37)*
*Isabelle de Margerie - www.idemargerie.com (Bols p. 30)*

*Le marché :*

*Du pain et des idées - www.dupainetdesidees.com - 34, rue Yves Toudic, Paris 10e (Le pain Pagnol p. 33)*
*Le maraîcher Joël Thiébault - www.joelthiebault.fr - Marché rue Gros, Paris 16e (Légumes p. 36)*
*Les Succulents Cactus - www.lescactus.com - 111, rue de Turenne, Paris 3e (Plantes grasses p. 29, p. 30 et p. 41)*

*Les vins :*

*Domaine Terre des Chardons - www.terre-des-chardons.fr (Vin Cuvée Marginal p. 31)*
*Domaine Saint-Sébastien - www.domaine-st-sebastien.com (Vin de Collioure Inspiration Céleste p. 37)*
*Domaine Mas Amiel - www.masamiel.fr (Vin Mas Amiel Notre Terre p. 39)*

UNE VISITE À LA FERME

*Le lieu :*

*Ferme-auberge du Chevalet - www.lechevalet.com - 05140 Aspres-sur-Buëch (p. 42 à p. 59)*

*La décoration :*

*Alterres Envies - alterresenvies.free.fr - 68, rue des Gravilliers, Paris 3e (Assiettes Jars p. 47 et p. 53)*

*Le marché :*

*Ferme-auberge du Chevalet - www.lechevalet.com - 05140 Aspres-sur-Buëch (p. 42 à p. 59)*
*La ferme de Baumugnes - 05140 Saint-Julien en Bochaine (Tome au cumin p. 55)*

*Le vin :*

*Domaine Pierre Luneau-Papin - www.domaineluneaupapin.com (Muscadet Sèvre & Maine sur Lie cuvée L d'Or p.46)*

UN DIMANCHE À LA CAMPAGNE

*La décoration :*

*Bloomsong - www.bloomsong.com (Linge de table p. 63 et p. 65)*
*Guy Degrenne - www.guydegrenne.fr (Assiettes p. 68)*
*Jaune de Chrome (Bol p. 65)*

*Le vin :*

*Domaine Chasle - 16, rue des Roches, 37130 Saint-Patrice (Vin Bourgueil Tuffeau 2008 p. 68)*

UN DÉJEUNER HIVERNAL

*La décoration :*

*Neëst - www.neest.fr (Vaisselle & linge de table p. 79, p. 80-81, p. 84-85, p. 87, p. 89 et p. 91)*
*Paola Navone pour Eno - www.madeindesign.com (Plat blanc p. 90)*

*Le vin :*

*Domaine de Scamandre - www.scamandre.com (Vin Scamandre, Terre de Graves p. 86)*